www.ingramcontent.com/pod-product-compliance
Lightning Source LLC
Chambersburg PA
CBHW070835310526
45788CB00017B/1082
9781086618808